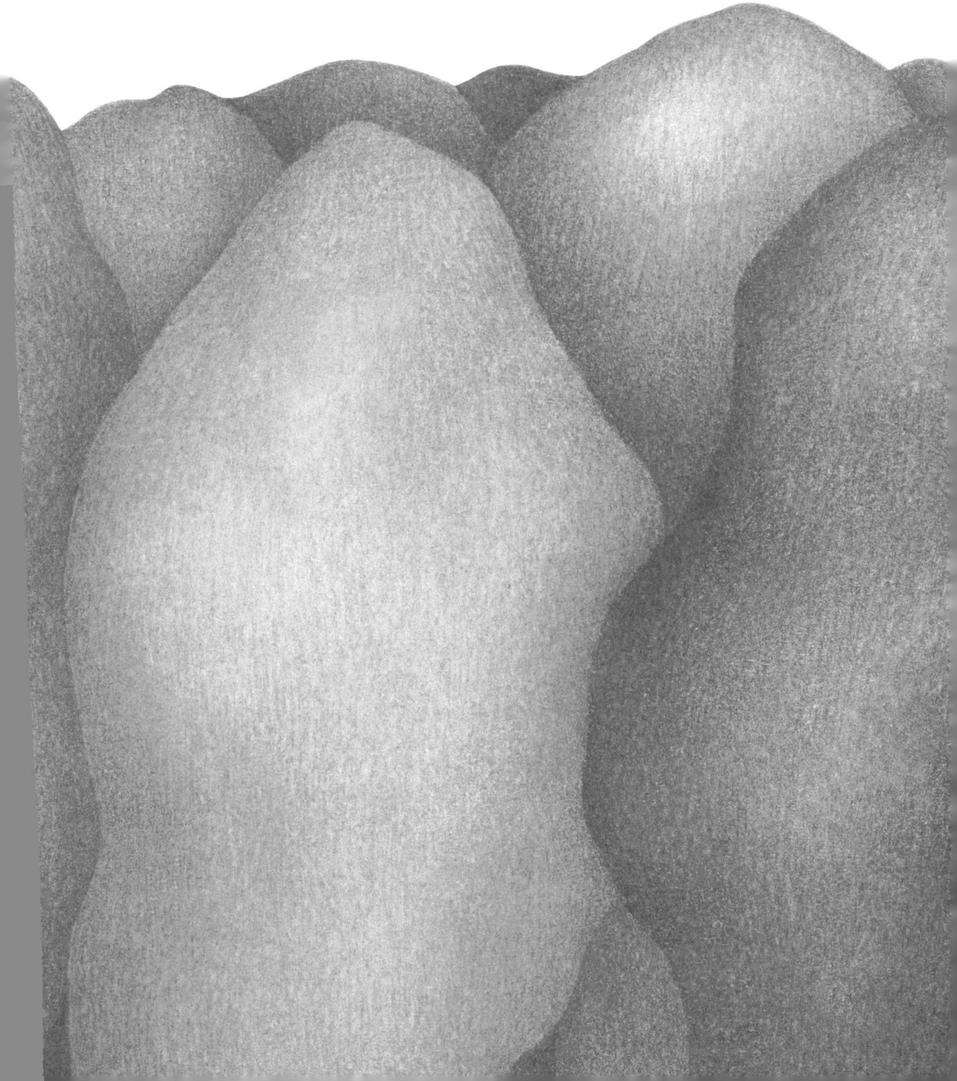

Karen Minden

EISBÄREN

Marie Luise Kaschnitz

KUNSTANST!FTER

Endlich, dachte sie, als sie hörte, wie sich der Schlüssel im Türschloss drehte. Sie hatte schon geschlafen und war erst von diesem Geräusch aufgewacht; nun wunderte sie sich, dass ihr Mann im Vorplatz kein Licht anmachte, das sie hätte sehen müssen, da die Tür zum Vorplatz halb offen stand. Walther, sagte sie und fürchtete einige Minuten lang, es sei gar nicht ihr Mann, der die Tür aufgeschlossen hatte, sondern ein Fremder, ein Einbrecher, der jetzt vorhatte, in der Wohnung herumzuschleichen und die Schränke und Schubladen zu durchsuchen. Sie überlegte, ob es wohl besser sei, wenn sie sich schlafend stellte, aber dann könnte ihr Mann heimkommen, während der Einbrecher noch in der Wohnung war, und dieser könnte aus dem Dunkeln auf ihn schießen. Darum beschloss sie, trotz ihrer großen Angst, Licht zu machen und nachzusehen, wer da war.

Aber gerade, als sie ihre Hand ausstreckte, um an der Kette der Nachttischlampe zu ziehen, hörte sie die Stimme ihres Mannes, der in der Türe stand.

Mach kein Licht, sagte die Stimme.

Sie ließ ihre Hand sinken und richtete sich ein wenig im Bett auf. Ihr Mann sagte nichts mehr und rührte sich auch nicht, und sie fragte sich, ob er sich vielleicht auf den Stuhl neben der Türe gesetzt hatte, weil er zu erschöpft war, um ins Bett zu gehen.

Wie war es, fragte sie. Was, fragte ihr Mann. Alles heute, sagte sie. Die Verhandlung. Das Essen. Die Fahrt. Davon wollen wir jetzt nicht sprechen, sagte ihr Mann. Wovon wollen wir sprechen, fragte sie. Von damals, sagte ihr Mann. Ich weiß nicht, was du damit meinst, sagte sie.

Sie versuchte vergeblich, die Dunkelheit mit ihren Blicken zu durchdringen, und ärgerte sich über ihre Gewohnheit, die Fensterläden ganz fest zu schließen und auch noch die dicken blauen Vorhänge vorzuziehen. Sie hätte gerne gesehen, ob ihr Mann da noch in Hut und Überzieher stand, was bedeuten konnte, dass er die Absicht hatte, noch einmal fortzugehen, oder dass er getrunken hatte und nicht mehr imstande war, einen vernünftigen Entschluss zu fassen.

Ich meine den Zoo, sagte der Mann. Sie hörte seine Stimme immer noch von der Tür her, was – da sie eine altmodische Wohnung und ein hohes großes Schlafzimmer hatten – bedeutete, von weit weg.

Den Zoo, sagte sie erstaunt. Aber dann lächelte sie und legte sich in die Kissen zurück. Im Zoo haben wir uns kennengelernt. Weißt du auch wo, fragte der Mann. Ich glaube schon, dass ich es noch weiß, sagte die Frau. Aber ich sehe nicht ein, weshalb du dich nicht auszieht und ins Bett gehst. Wenn du noch Hunger hast, bringe ich dir etwas zu essen. Ich kann es dir ins Bett bringen, oder wir setzen uns in die Küche und du isst dort.

Sie schlug die Decke zurück, um aufzustehen, aber obwohl es für ihren Mann genauso dunkel sein musste wie für sie selbst, schien er doch gesehen zu haben, was sie vorhatte.

Steh nicht auf, sagte er, und mach das Licht nicht an. Ich will nichts essen und wir können im Dunkeln reden. Sie wunderte sich über den fremden Klang seiner Stimme und auch darüber, dass er, obwohl er doch sehr müde sein musste, nichts anderes im Sinne hatte, als von den alten Zeiten zu reden.

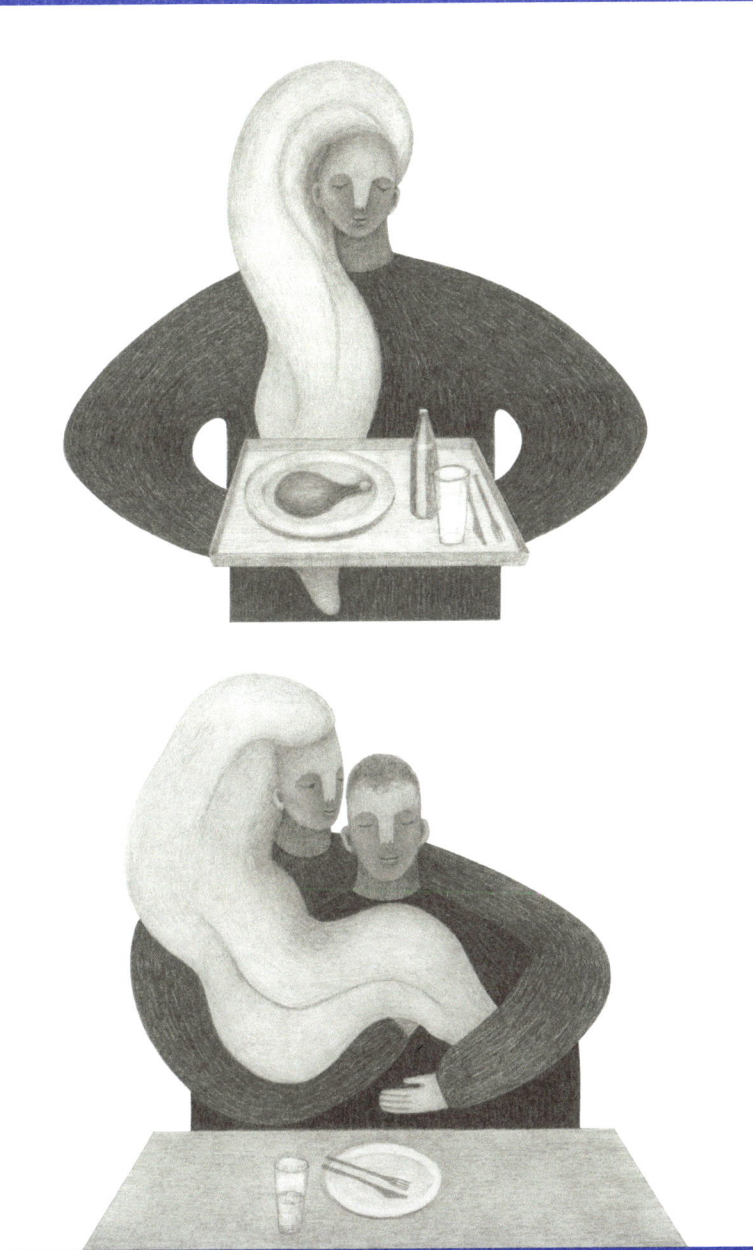

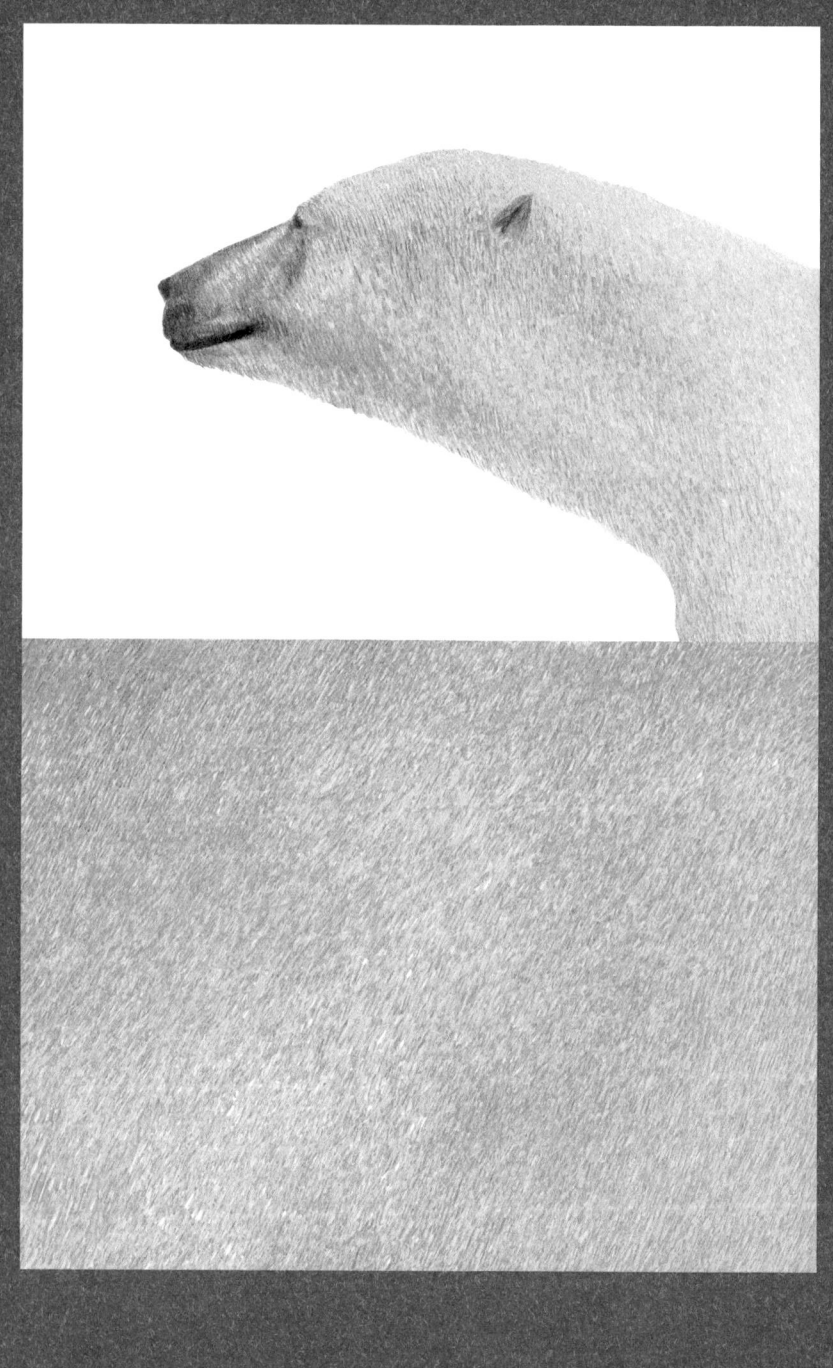

Sie waren jetzt fünf Jahre lang verheiratet, aber jeder Tag der Gegenwart schien ihr schöner und wichtiger als alle vergangenen Tage. Da ihm aber so viel daran zu liegen schien, dass sie seine Frage beantwortete, streckte sie sich wieder aus und legte ihre Hände hinter ihren Kopf.

Bei den Eisbären, sagte sie. Die Fütterung war gerade vorbei. Die Eisbären waren von ihren Felsen ins Wasser geglitten und hatten nach den Fischen getaucht. Jetzt standen sie wieder auf ihren Felsen, schmutzig weiß, und – Und was, fragte ihr Mann streng. Du weißt doch, was die Eisbären machen, sagte sie. Sie bewegen ihren Kopf von der einen Seite zur anderen, unaufhörlich hin und her.

Wie du, sagte ihr Mann. Wie ich, fragte sie erstaunt und begann für sich im Dunkeln die Bewegung nachzuahmen, die sie soeben beschrieben hatte.

Du hast auf jemanden gewartet, sagte ihr Mann. Ich habe dich beobachtet. Ich kam von den großen Vögeln, die ganz ruhig auf ihren Ästen sitzen und sich dann plötzlich herabstürzen und einmal im Kreis herumfliegen, wobei sie mit ihren Flügelspitzen die Gitter streifen.

Bei den Eisbären, sagte die Frau, gibt es keine Gitter. Du hast auf jemanden gewartet, sagte ihr Mann. Du hast den Kopf bald nach dieser, bald nach jener Seite gedreht. Der, auf den du gewartet hast, ist aber nicht gekommen.

Die Frau lag jetzt ganz still unter ihrer Decke. Sie hatte das Gefühl, auf der Hut sein zu müssen, und sie war auf der Hut.

Ich habe auf niemanden gewartet, sagte sie. Als ich dich eine Weile lang beobachtet hatte, sagte ihr Mann, bin ich auf dem Weg weitergegangen und habe mich neben dich gestellt. Ich habe ein paar Späße über die Eisbären gemacht und auf diese Weise sind wir ins Gespräch gekommen. Wir haben uns auf eine Bank gesetzt und die Flamingos betrachtet, die ihre rosigen Hälse wie Schlangen bewegten. Es war nicht mehr so heiß und es war sogar ein Hauch von Spätsommer in der Luft.

Damals habe ich angefangen zu leben, sagte die Frau.

Das glaube ich nicht, sagte ihr Mann.

Zieh dich doch aus, sagte die Frau, oder mach das Licht an. Sitzt du wenigstens auf einem Stuhl? Ich sitze und stehe, sagte der Mann. Ich liege und fliege. Ich möchte die Wahrheit wissen.

Die Frau fing an, in ihrem warmen Bett vor Kälte zu zittern. Sie fürchtete, dass ihr Mann, der ein fröhlicher und freundlicher Mensch war, den Verstand verloren habe. Zugleich aber erinnerte sie sich auch daran, dass sie an jenem Nachmittag im Zoo wirklich auf einen anderen gewartet hatte, und es erschien ihr nicht ausgeschlossen, dass ihr Mann diesen anderen heute getroffen und von ihm alles Mögliche erfahren hatte.

Was für eine Wahrheit, fragte sie, um einen Augenblick Zeit zu gewinnen.

Ich habe dich, sagte ihr Mann, damals nach Hause gebracht. Wir sind noch ein paarmal zusammen spazieren und auch einige Male abends ausgegangen. Jedes Mal habe ich dich gefragt, ob du an jenem Nachmittag im Zoo auf einen anderen Mann gewartet hast und ob du vielleicht immer noch auf ihn wartest und ihn nicht vergessen kannst. Du hast aber jedes Mal den Kopf geschüttelt und Nein gesagt.

Das war die Wahrheit, sagte die Frau.

Es mochte sein, dass draußen der Morgen schon anbrach, vielleicht hatten sich ihre Augen auch endlich an die Dunkelheit gewöhnt. Jedenfalls tauchten jetzt ganz schwach die Umrisse des Zimmers vor ihr auf. Sie sah aber ihren Mann nicht und das beunruhigte sie sehr.

Das war nicht die Wahrheit, sagte der Mann.

Nein, dachte die Frau, er hat recht.

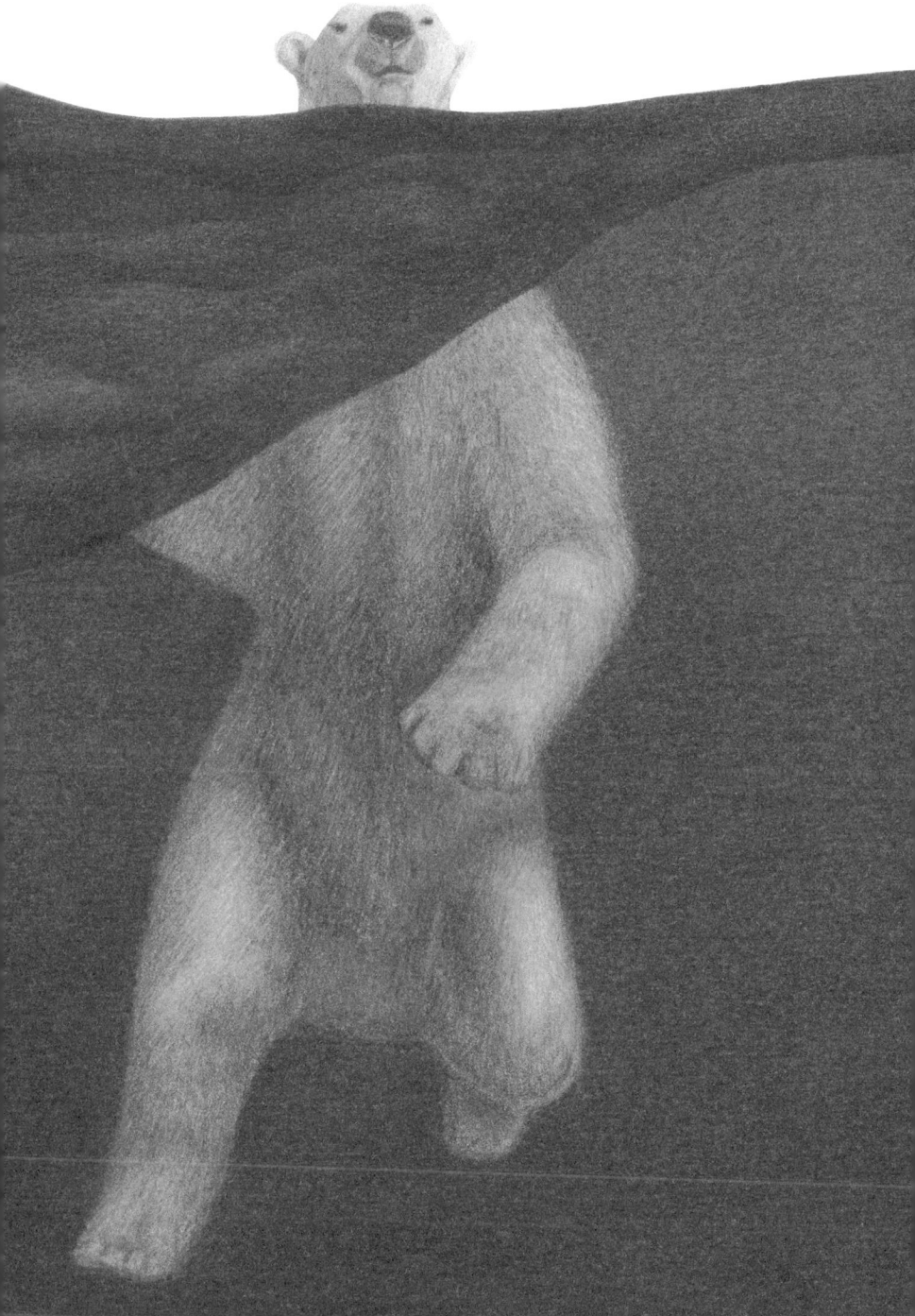

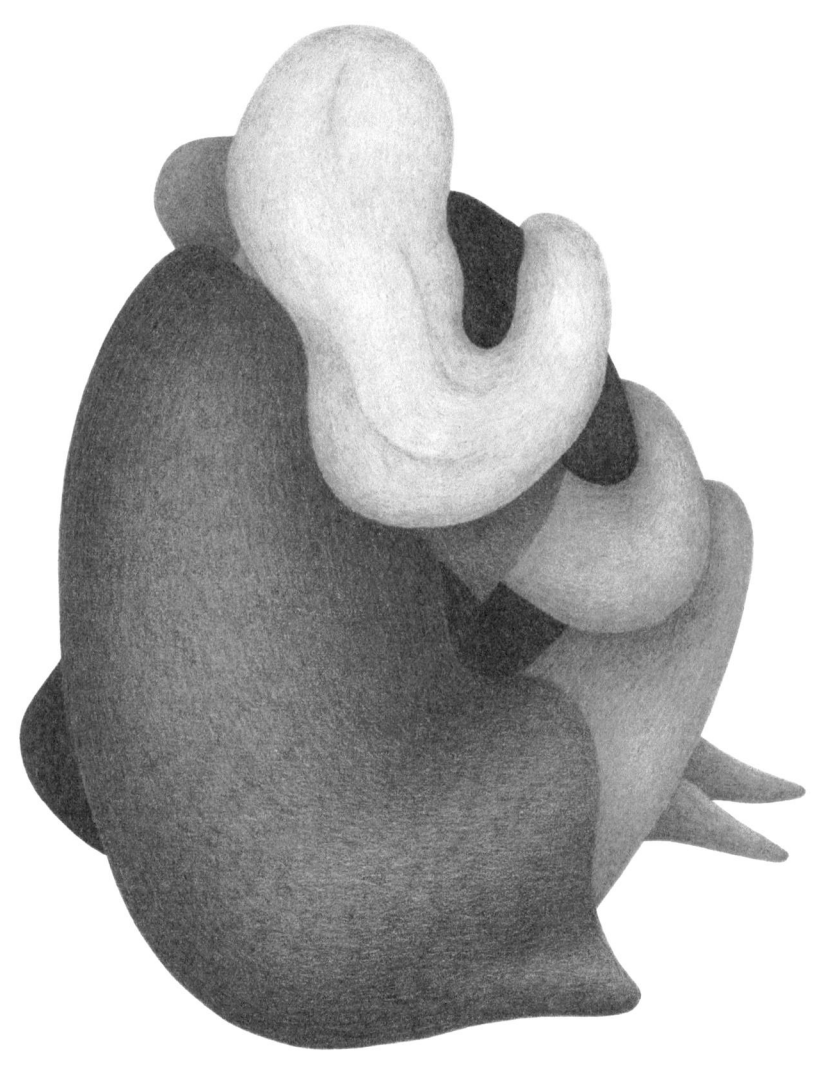

Ich bin mit ihm spazieren gegangen und abends tanzen gegangen, und jedes Mal habe ich mich heimlich umgesehen nach dem Mann, den ich geliebt habe und der mich verlassen hat.

Ich habe Walther gerngehabt, aber ich habe ihn nicht aus Liebe geheiratet, sondern weil ich nicht allein bleiben wollte. Sie war plötzlich sehr müde und es kam ihr in den Sinn, alles das zuzugeben, was sie so lange geleugnet hatte. Vielleicht, wenn sie es zugäbe, würde ihr Mann aus dem Dunkeln herüberkommen und sich zu ihr auf den Bettrand setzen. Sie würde ihm sagen, wie es gewesen war, und wie es jetzt war, dass sie jetzt ihn liebte und dass ihr der andere Mann vollständig gleichgültig geworden war. Sie zweifelte nicht daran, dass es ihr, wenn sie nur ihre Arme um seinen Hals legen konnte, gelingen würde, ihn davon zu überzeugen, dass es so etwas gab, dass eine Liebe erwachen und jeden Tag wachsen kann, während eine andere abstirbt und am Ende nichts ist als ein Kadaver, vor dem es einem graut.

Walther, sagte sie, nicht Schatz, nicht Liebling, sie nannte nur seinen Namen, aber sie streckte im Dunkeln ihre Arme nach ihm aus. Aber ihr Mann kam nicht herüber, um sich zu ihr auf den Bettrand zu setzen. Er blieb, wo er war und wo sie nicht einmal die Umrisse seiner Gestalt wahrnehmen konnte.

Ich war, sagte er, damals noch nicht lange in München. Es war dein Vorschlag, dass ich die Stadt erst einmal richtig kennenlernen sollte. Weil wir noch keinen Wagen hatten, fuhren wir jeden Sonntag mit einem anderen Verkehrsmittel in eine andere Richtung, stiegen an der Endstation aus und gingen spazieren.

Immer ist es mir vorgekommen, als ob du auf diesen Spaziergängen jemanden suchtest. Immer hast du deinen Kopf nach rechts und nach links gewendet wie die Eisbären, die die Freiheit suchen, oder etwas, von dem wir nichts wissen, und ich habe dich oft meinen Eisbären genannt.

Ja, sagte die Frau mit erstickter Stimme. Sie erinnerte sich daran, dass ihr Mann ihr in den ersten Monaten ihrer Ehe diesen Namen gegeben hatte. Sie hatte geglaubt, er täte das in Erinnerung an ihr erstes Zusammentreffen im Zoologischen Garten, oder weil sie so dicke weißblonde Haare hatte, die ihr manchmal wie eine Mähne auf der Schulter hingen. Es war aber, wie sich jetzt herausstellte, kein Kosewort, sondern ein Verdacht.

Später, sagte sie, als wir den Wagen hatten, sind wir am Sonntag ins Freie gefahren. Wir sind durch den Wald gelaufen und haben auf einer Wiese in der Sonne gelegen und geschlafen, du mit deinem Kopf auf meiner Brust. Wenn wir aufgewacht sind, waren wir ganz benommen von der Sonne und dem starken Wind. Es ist uns schwergefallen, die richtige Richtung einzuschlagen, und einmal haben wir viele Stunden gebraucht, um den Wagen wiederzufinden.

Weißt du das noch, fragte sie. Aber ihr Mann ging auf diese Erinnerung nicht ein.

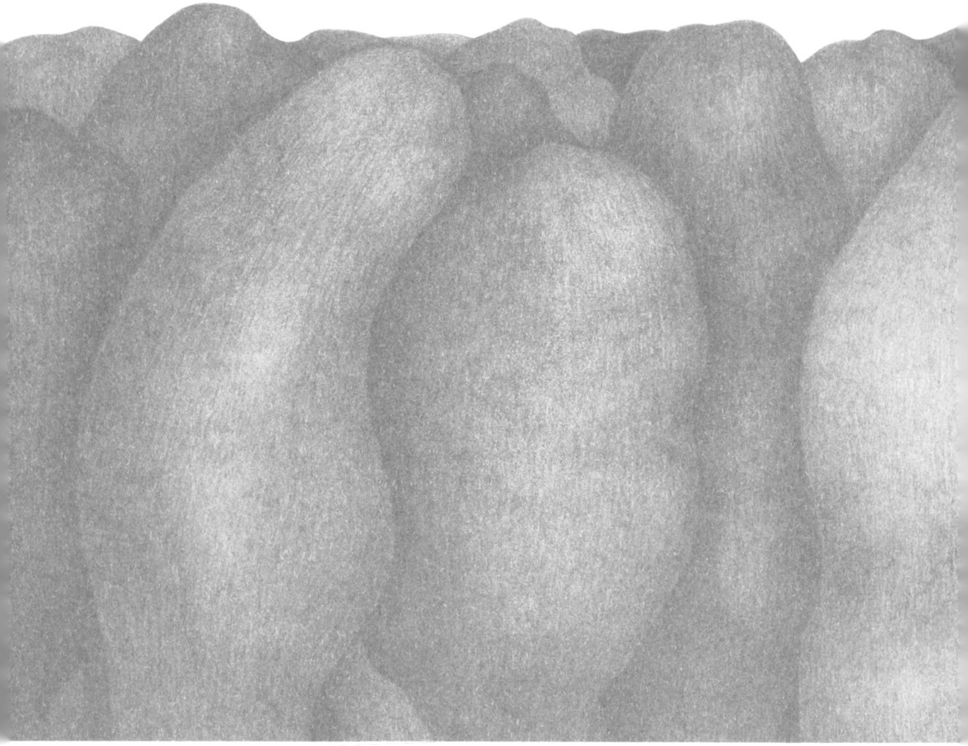

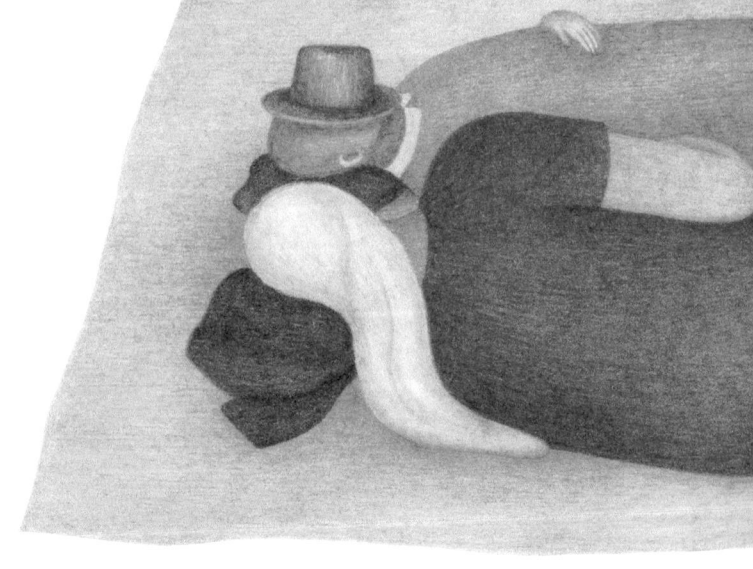

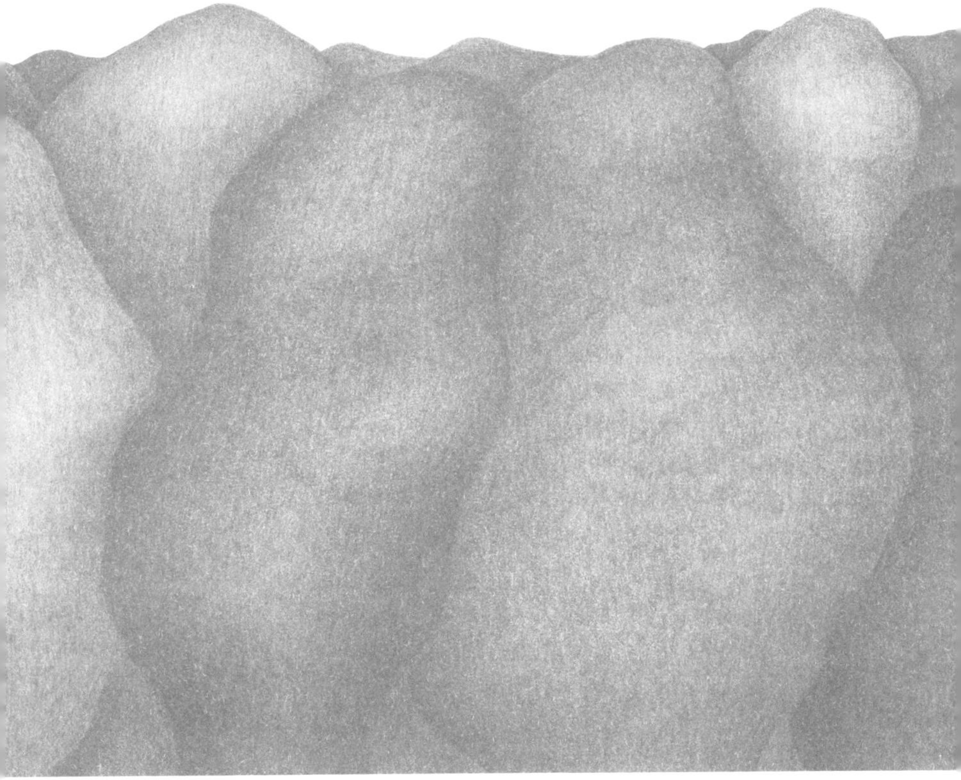

Wir sind ihm einmal begegnet, sagte er.

Ach, hör doch auf, sagte die Frau plötzlich ärgerlich. Geh etwas essen oder lass mich Licht anzünden und aufstehen und dir etwas zu essen bringen. Es ist noch ein halbes Hähnchen im Kühlschrank und Bier. Aber während sie das sagte, wusste sie schon, dass ihr Mann auf ihren Vorschlag nicht eingehen würde. Sie überlegte, womit sie ihn von seinen Gedanken abbringen könnte, und es fiel ihr nichts ein. Du hast morgen einen schlimmen Tag, sagte sie schließlich, du musst bis zum Abend die Abrechnungen fertig haben und wenn du nicht ausgeschlafen bist, wird dir alles noch schwerer fallen.

Wir sind ihm einmal begegnet, sagte ihr Mann wieder. Die Frau krallte ihre Hände in die Bettdecke und wusste nicht, was sie noch sagen sollte. Wenn es nur hell wäre, dachte sie. Ihr Mann hatte ihr zu Weihnachten einen Toilettentisch geschreinert mit einem Kretonnevorhang und einer Glasplatte, und sie hatte ihm einen Lampenschirm gebastelt und diesen mit den Gräsern und Moosen, die sie im Sommer gesammelt und gepresst hatten, verziert. Sie war überzeugt davon, dass diese Dinge, wenn man sie nur sehen könnte, ihr beistehen würden, ihren Mann davon zu überzeugen, dass sie ihn liebte und dass auch er selbst seinen alten Argwohn längst vergessen hatte.

Wir sind, sagte ihr Mann zum drittenmal, ihm einmal begegnet, und er sagte es mit seiner Stimme von heute Abend, die so eintönig und merkwürdig klang. Wir sind die Ludwigstraße hinuntergegangen auf das Siegestor zu, es war ein schöner Abend und es waren eine Menge Leute unterwegs. Du hast niemanden besonders angeschaut, es ist auch niemand stehen geblieben und es hat dich auch niemand gegrüßt. Ich hatte aber meinen Arm in den deinen gelegt und plötzlich habe ich gemerkt, dass du angefangen hast, am ganzen Körper zu zittern. Dein Herz hat aufgehört zu schlagen und das Blut ist aus deinen Wangen gewichen. Erinnerst du dich daran?

Ja, ja, wollte die Frau rufen, ich erinnere mich gut. Es war das erste Mal, dass ich meinen ehemaligen Liebhaber wiedergesehen habe, und es war auch das letzte Mal. Mein Herz hat wirklich aufgehört zu schlagen, aber dann hat es wieder angefangen und so, als wäre es ein ganz anderes Herz. Während das schöne kalte Gesicht meines ehemaligen Liebhabers in der Menge verschwunden ist, hat es sich in nichts aufgelöst, und ich habe mich später an seine Züge nie mehr erinnern können. Das alles wollte die Frau ihrem Mann sagen und ihn auch daran erinnern, dass sie sich damals auf der Straße an ihn gedrängt hatte und versucht hatte, ihn zu küssen.

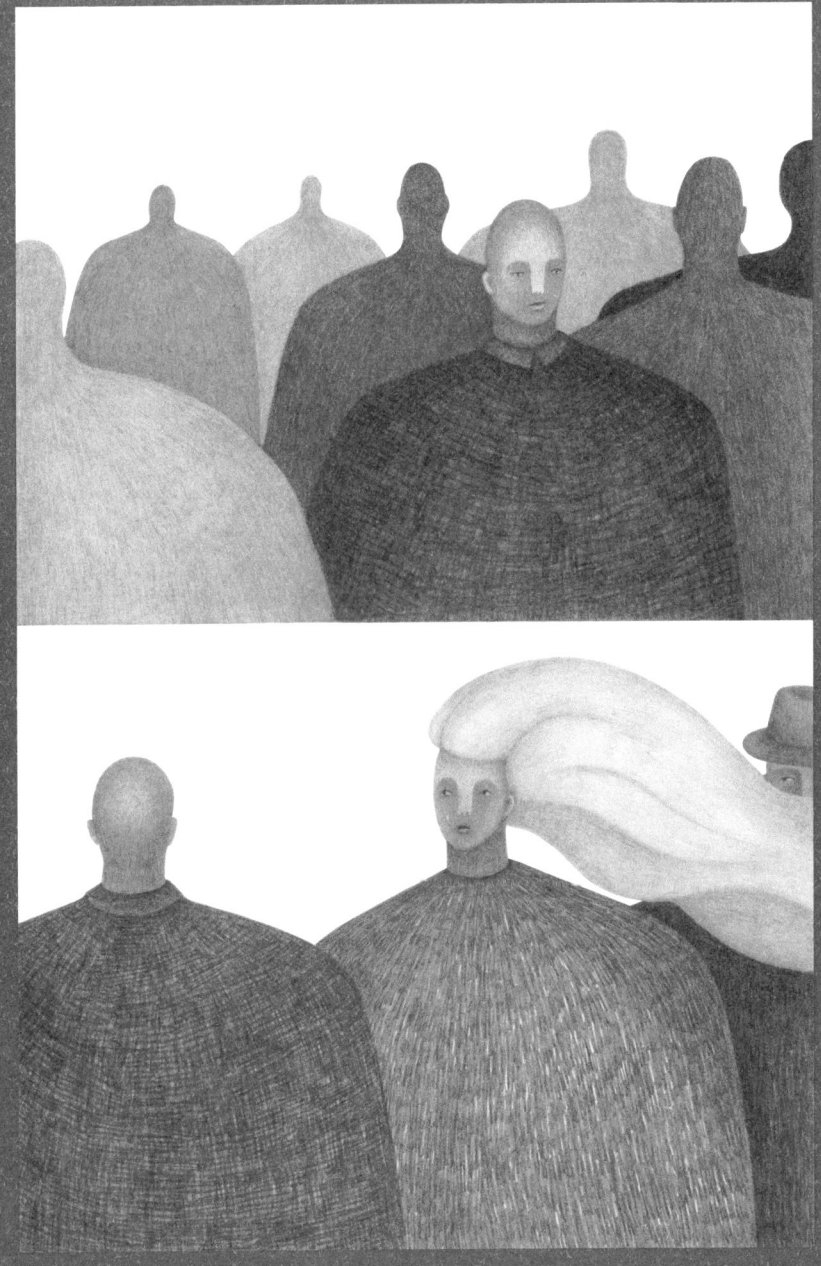

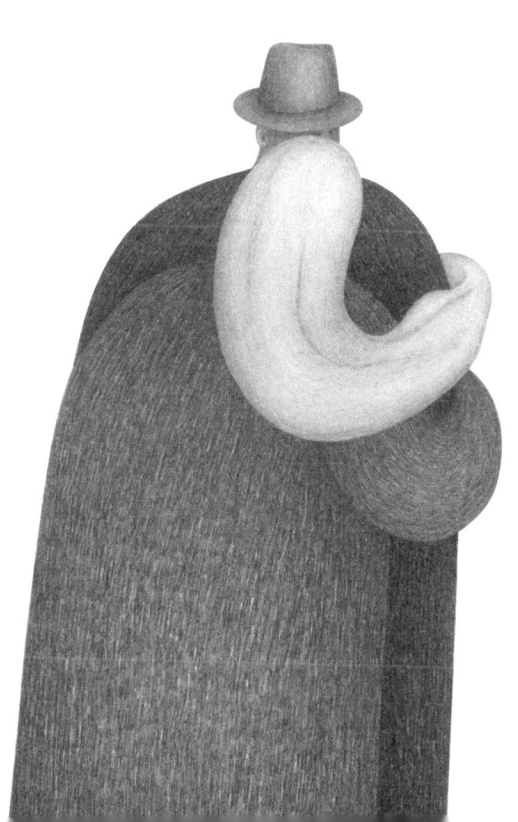

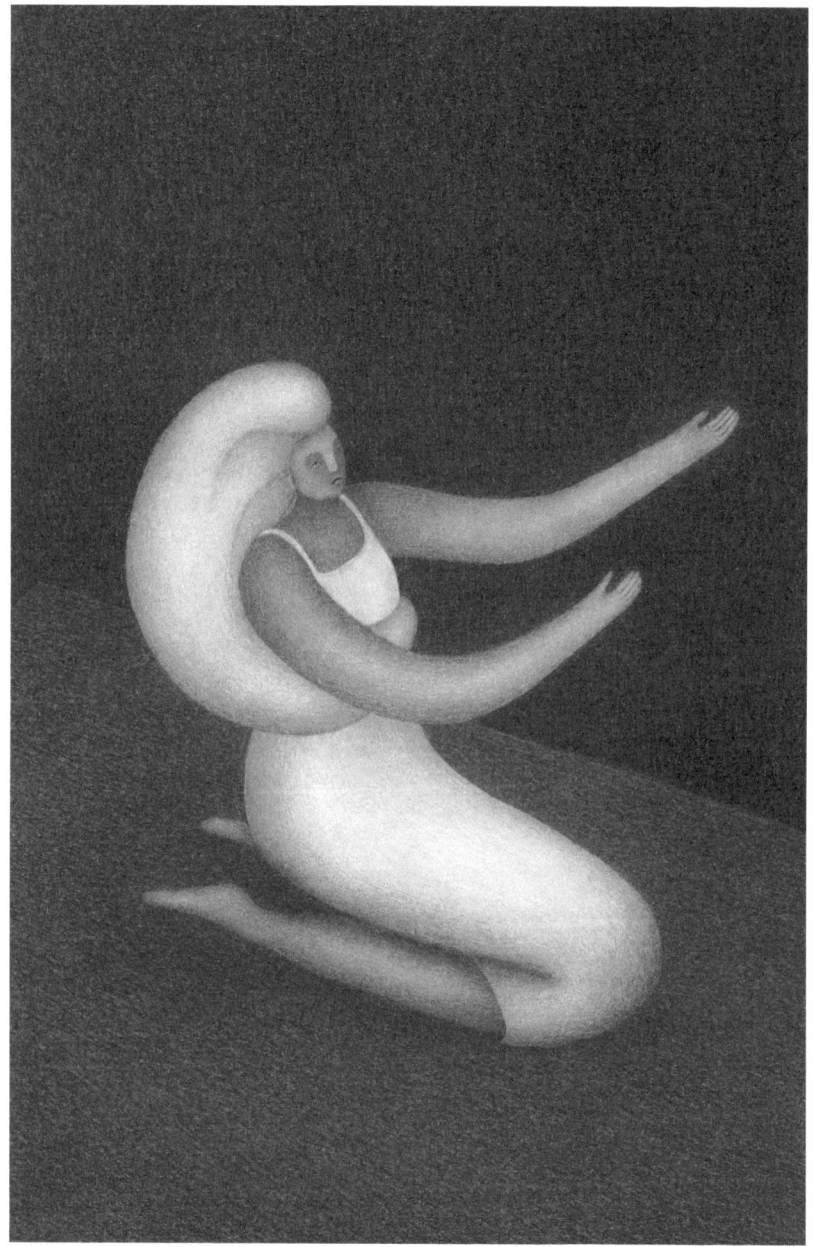

Sie zweifelte aber plötzlich daran, dass ihr Mann ihr glauben würde. Sie hatte das Gefühl, als stände hinter seinen Worten eine Unruhe, die sie nicht würde stillen, und eine Angst, die sie ihm nicht würde ausreden können, jedenfalls nicht in dieser Nacht.

Ich erinnere mich an unseren Spaziergang, sagte sie und versuchte ihrer Stimme einen gleichgültigen Klang zu geben. Ich habe keinen Bekannten gesehen. Ich habe so etwas wie einen Schüttelfrost gehabt, eine kleine Erkältung, und am Abend habe ich auch Fieber bekommen.

Ist das wahr, fragte der Mann.

Ja, antwortete die Frau. Sie war traurig, dass sie nicht die Wahrheit sagen durfte, die doch viel schöner war als alles, was ihr Mann von ihr hören wollte. Sie war jetzt sehr müde und hätte gerne geschlafen, aber vor allem lag ihr daran zu wissen, was in ihren Mann gefahren war und warum er kein Licht anzünden und nicht zu Bett gehen wollte.

Dann ist also auch das andere wahr, sagte der Mann, mit einem Schimmer von Hoffnung in der Stimme. Was, fragte die Frau. Das vom Zoo, sagte der Mann. Dass du auf keinen anderen gewartet hast.

Ich habe auf dich gewartet, sagte die Frau. Ich habe dich nicht gekannt, aber man kann auch auf jemanden warten, den man noch nie gesehen hat.

Du hast mich, sagte der Mann, also nicht genommen, weil du von einem anderen Mann im Stich gelassen worden bist. Du hast mich geliebt.

Noch einmal dachte die Frau, wie schmählich es von ihr war, dass sie hier lag und ihren Mann anlog, und noch einmal richtete sie sich auf und wollte die Wahrheit sagen. Es kam aber von der Tür her ein merkwürdiges Geräusch, das wie ein tiefes verzweifeltes Stöhnen klang. Er ist krank, dachte sie erschrocken und legte sich wieder in die Kissen zurück und sagte laut und deutlich: Ja.

Dann ist es gut, sagte der Mann. Er flüsterte jetzt nur noch. Vielleicht hatte er auch die Schlafzimmertür von außen zugezogen und war im Begriff, die Wohnung wieder zu verlassen.

Die Frau sprang aus dem Bett, sie riss an der Kette der Nachttischlampe, und gerade, als habe sie damit eine Klingel in Bewegung gesetzt, begann es vom Flur her laut und heftig zu schellen.

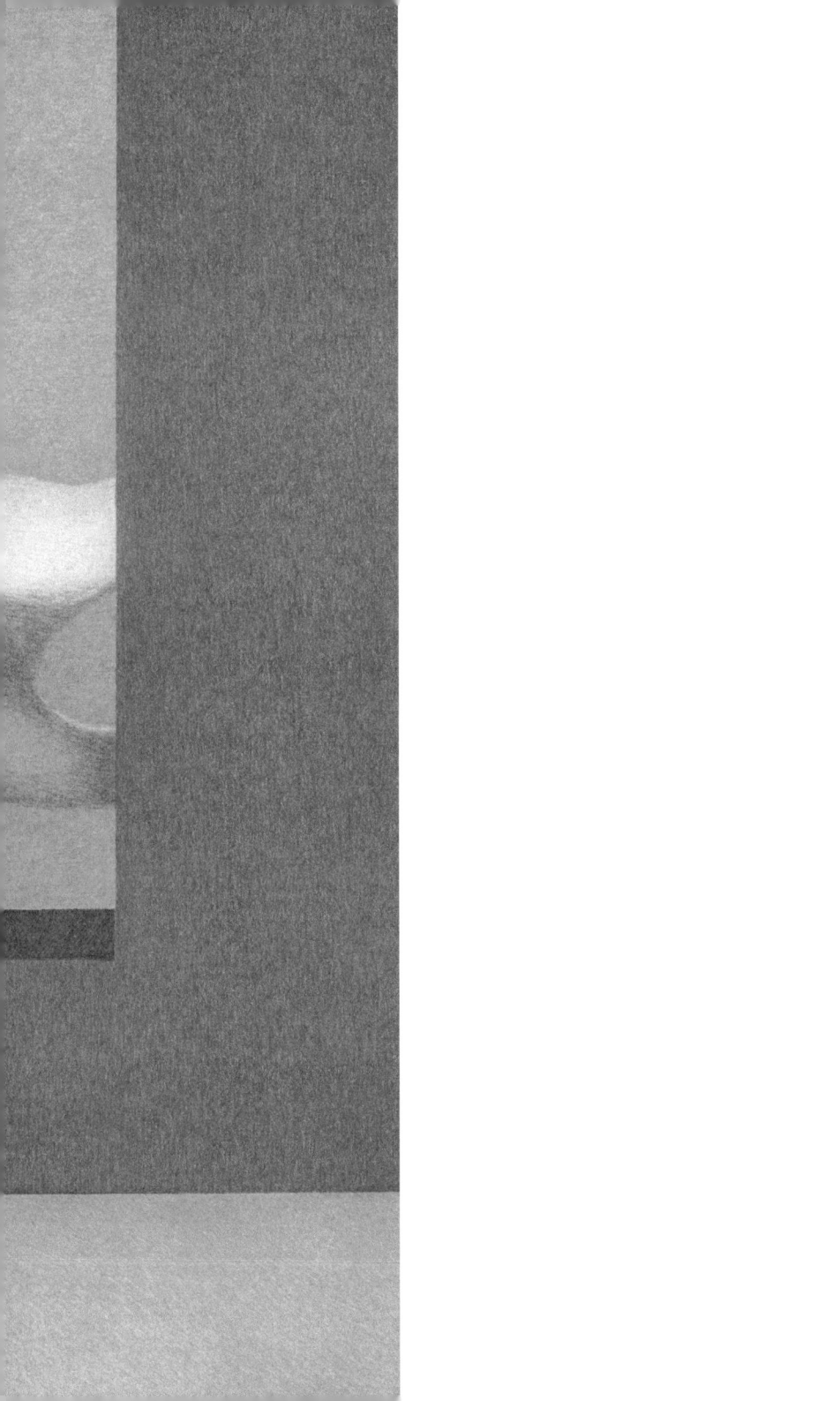

Das Zimmer war hell und leer, und als die Frau auf den Vorplatz lief, sah sie ihren Mann auch dort draußen nicht. Obwohl das Haus, in dem die jungen Eheleute wohnten, ein altmodisches Haus war, gab es seit Kurzem in allen Wohnungen Drücker, mit deren Hilfe man die Haustüre öffnen konnte.

Walther, sagte die Frau unglücklich. Sie drückte auf den Knopf und öffnete zugleich schon die Wohnungstür und horchte hinaus. Sie wohnten fünf Stockwerke hoch, und fünf Stockwerke lang hörte sie die schweren Schritte, die die Treppe heraufkamen und die, wie sich herausstellte, die Schritte von Polizeibeamten waren.

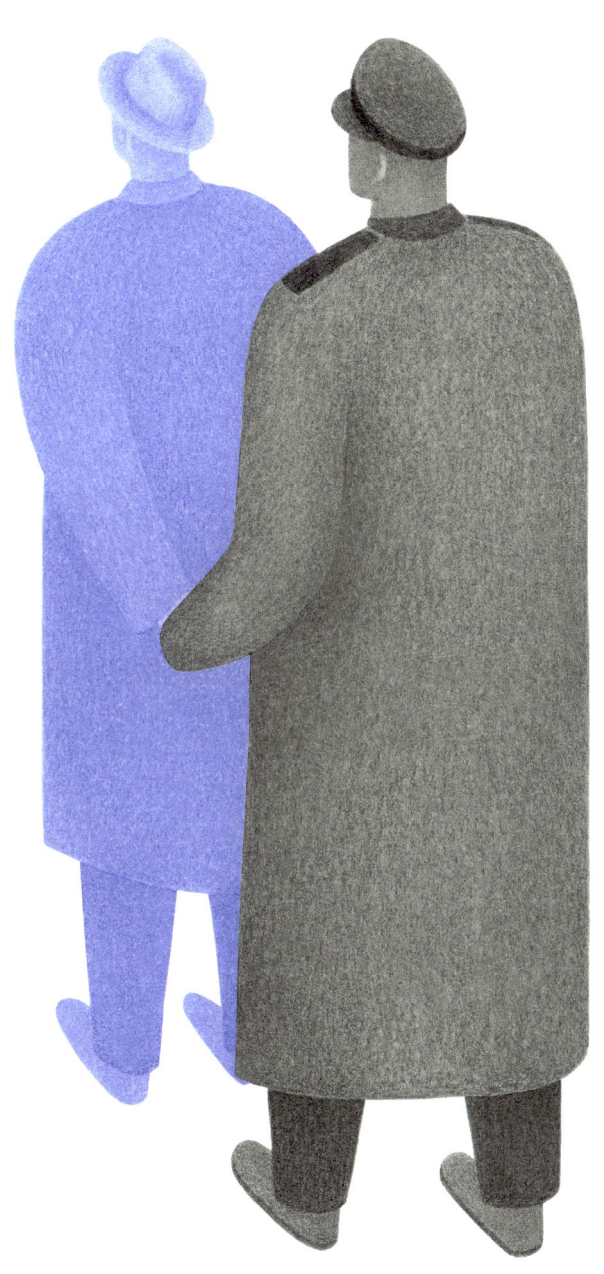

Ihr Mann, sagten die Männer, als sie der Frau auf dem Treppenabsatz gegenüberstanden, sei bei der Ausfahrt von der Autobahn mit einem anderen Wagen zusammengestoßen und schwer verletzt worden. Und als sie das gesagt und eine Weile in das erstaunte Gesicht der Frau geschaut hatten, fügten sie hinzu, dass der Verunglückte sich jetzt auf dem Weg ins Krankenhaus befände, dass aber die Sanitäter, die ihn in den Wagen getragen hätten, der Ansicht gewesen seien, dass er den Transport nicht überleben würde.

Das kann nicht sein, sagte die Frau ganz ruhig, es muss sich um eine Verwechslung handeln. Ich habe mit meinem Mann noch eben gesprochen, er ist in der Wohnung, er ist bei mir.

Hier, fragten die Männer überrascht, wo denn, und gingen in die Küche und gingen ins Wohnzimmer und drehten überall die Lampen an. Da sie niemanden fanden, redeten sie der Frau gut zu, sich anzuziehen und sie ins Krankenhaus zu begleiten, und die Frau zog sich auch an, bürstete ihre langen weißblonden Haare und ging mit den Polizisten die Treppe hinunter.

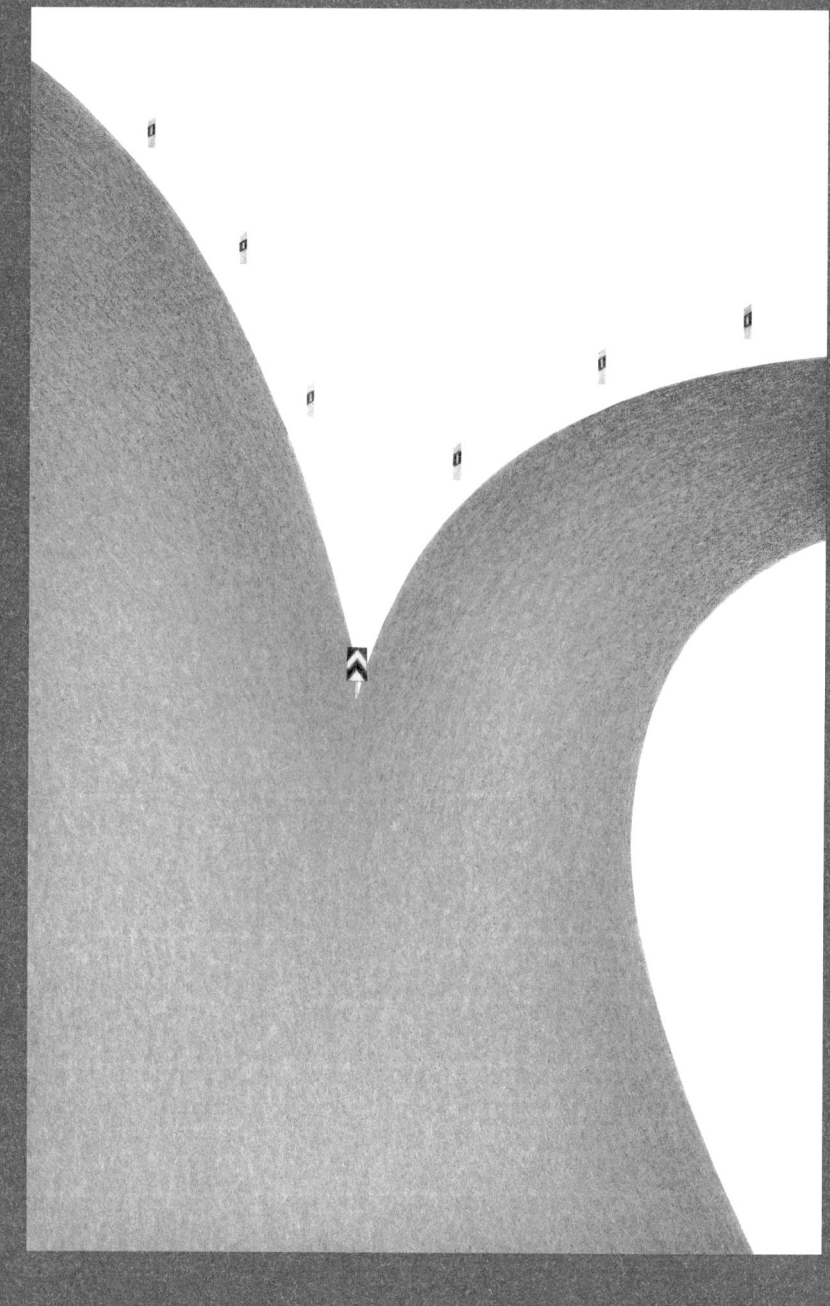

Auf der Fahrt saß die Frau zwischen den Männern, die versuchten, freundlich zu sein, und deren schwere Wollmäntel nach Regen rochen.

Sie hatte ihren Spaß daran, dass der Fahrer das Martinshorn gellen ließ und alle roten Lichter überfuhr.

Schneller, sagte sie, schneller, und die Polizisten glaubten, dass sie Angst habe, ihren Mann nicht mehr am Leben zu finden. Aber sie wusste gar nicht, warum sie in dem Wagen saß und wohin es ging.

Die Worte ›schneller, schneller‹ sagte sie ganz mechanisch, und ganz mechanisch drehte sie ihren Kopf von links nach rechts und von rechts nach links, wie es die Eisbären tun.

Karen Minden, 1989 in Berlin geboren und aufgewachsen, studierte im Bachelor Visuelle Kommunikation an der Weißensee Kunsthochschule Berlin und Druckgrafik an der École Nationale Supérieure des Arts Décoratifs in Paris. Ihr Masterstudium schloss sie an der Universität der Künste Berlin im Fachbereich Illustration ab. Sie lebt und arbeitet als freie Illustratorin und Grafikerin in Berlin.

Marie Luise Kaschnitz wurde 1901 in Karlsruhe geboren. Sie machte eine Ausbildung zur Buchhändlerin und arbeitete in einem Verlag sowie in einem Antiquariat. 1933 veröffentliche sie ihren ersten Roman ›Liebe beginnt‹, dem zahlreiche Erzählungen, Gedichte und Hörspiele folgten. 1974 starb sie in Rom.

Impressum

© kunstanstifter, 2019
kunstanstifter GmbH, Mannheim
Alle Rechte vorbehalten. Das Werk darf – auch teilweise –
nur mit Genehmigung des Verlages wiedergegeben werden.

Illustration und Buchgestaltung: Karen Minden

Text: Marie Luise Kaschnitz: Eisbären
© Insel Verlag Frankfurt am Main 1966
Alle Rechte bei und vorbehalten durch Insel Verlag Berlin.

Korrektorat: Korrekturbüro Wonschik, Overath
Druck & Bindung: Grafisches Centrum Cuno GmbH & Co. KG,
Calbe (Saale)

Papier: Lessebo White
Schrift: GT Sectra, Scala
♥ Hergestellt in Deutschland ♥
Erste Auflage 2019
ISBN 978-3-942795-82-1

www.kunstanstifter.de

ISBN 978-3-942795-82-1

9 783942 795821

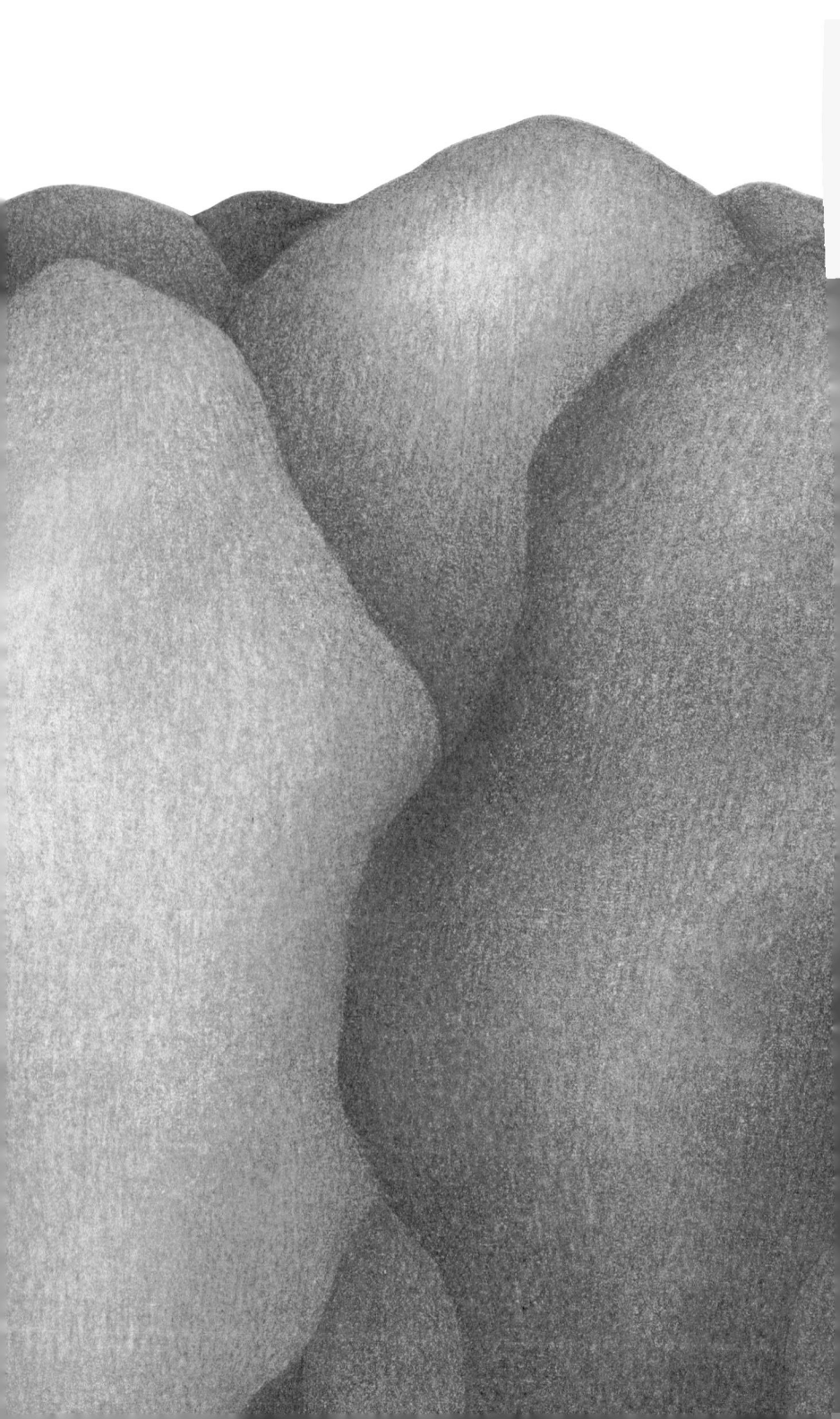